BEI GRIN MACHT SICH IHR WISSEN BEZAHLT

Bibliografische Information der Deutschen Nationalbibliothek:

Die Deutsche Bibliothek verzeichnet diese Publikation in der Deutschen National-
bibliografie; detaillierte bibliografische Daten sind im Internet über http://dnb.d-
nb.de/ abrufbar.

Impressum:

Copyright © 2017 GRIN Verlag
Druck und Bindung: Books on Demand GmbH, Norderstedt Germany
ISBN: 9783346103758

Dieses Buch bei GRIN:

https://www.grin.com/document/512962

Stefanie Linde

Stellen Fahrerassistenzsysteme für ältere Menschen eine Möglichkeit zur sicheren Teilhabe am Verkehr dar?

Kritische Auseinandersetzung am Beispiel des Notbremsassistenten

GRIN Verlag

GRIN - Your knowledge has value

Der GRIN Verlag publiziert seit 1998 wissenschaftliche Arbeiten von Studenten, Hochschullehrern und anderen Akademikern als eBook und gedrucktes Buch. Die Verlagswebsite www.grin.com ist die ideale Plattform zur Veröffentlichung von Hausarbeiten, Abschlussarbeiten, wissenschaftlichen Aufsätzen, Dissertationen und Fachbüchern.

Besuchen Sie uns im Internet:

http://www.grin.com/

http://www.facebook.com/grincom

http://www.twitter.com/grin_com

Friedrich-Schiller-Universität Jena

Fakultät für Mathematik und Informatik

Stellen Fahrerassistenzsysteme für ältere Menschen eine Möglichkeit zur sicheren Teilhabe am Verkehr dar?

Kritische Auseinandersetzung am Beispiel des Notbremsassistenten

HAUSARBEIT

am Lehrstuhl für Technische Informatik I

Eingereicht am 24.03.2017

Vorgelegt von:

Stefanie Linde

Inhaltsverzeichnis

1. Ziel der Arbeit

Fahrerassistenzsysteme sollen den Fahrer entlasten und mehr Sicherheit auf den Straßen gewährleisten. Daher empfiehlt der Deutsche Verkehrssicherheitsrat älteren Menschen ab 65 den Gebrauch von Fahrerassistenzsystemen, besonders den Notbrems-, den Spurwechsel-, den Nachtsicht- und den Parkassistenten. Allerdings wurde noch nicht umfassend untersucht, in welchem Rahmen diese Systeme tatsächlich zu einer sicheren Teilhabe älterer Menschen am Straßenverkehr beitragen. Exemplarisch soll diese Fragestellung unter Berücksichtigung von Forschungsergebnissen verwandter Fahrerassistenten anhand des Notbremsassistenten untersucht und Risikofaktoren herausgearbeitet werden.

2. Ältere Menschen und Fahrerassistenzsysteme

2.1 Ältere Menschen im Straßenverkehr

"Mobilität ist keine Frage des Alters, sondern der Gesundheit", weiß Jutta Kleinschmidt, die ehemalige Rallye-Raid-Fahrerin. Diese Aussage traf sie im Jahr 2015 bei einer Fahrsicherheitsaktion für ältere Menschen in Hessen des Deutschen Verkehrssicherheitsrates und deren Partnern, zur der sie als Expertin eingeladen war (Deutscher Verkehrssicherheitsrat, 2015). Ihr Standpunkt ist nicht nur im Hinblick auf die gesundheitlichen Voraussetzungen zum sicheren Fahren richtig, sondern spricht ebenfalls, wenn auch nicht vorrangig, die Bedeutsamkeit des Autofahrens für ältere Menschen an: Mobilität hängt für viele Menschen der aktuellen Generation 65+ stark mit dem eigenen Wohlbefinden sowie einem Gefühl der Unabhängigkeit zusammen und stellt somit einen wichtigen Faktor der Lebensqualität dar. Sollte dieser wegfallen, hat dies starke Konsequenzen für den Alltag und die Psyche des Betroffenen. In solchen Fällen steigt oft die Gefahr, zu vereinsamen oder an einer Depression zu erkranken (Simões & Pereira, 2009).

Vorrangig weißt Jutta Kleinschmidt auf den Umstand hin, dass die Kompetenzen eines Autofahrers nicht allein und nicht hauptsächlich vom Alter abhängig sind, sondern von dessen gesundheitlichem Zustand. Diese Meinung wird auch vom ADAC vertreten (ADAC, 2016a). Die gesundheitsrelevanten Unterschiede zwischen den einzelnen Menschen werden im Alter immer größer, sodass man nicht vom chronologischen Alter auf die Fahrleistung schließen kann (Koppel & Charlton, 2013).

Es ist aber nicht zu leugnen, dass mit dem Alter Prozesse einhergehen, die augenscheinlich das sichere Fahren gefährden können, wie z. B. verminderte Sehkraft oder der generelle Anstieg von Müdigkeit. Allerdings ist die Forschung auf diesem Gebiet noch nicht umfassend, doch zeigt die existierende Literatur immer wieder auf, dass nicht jedes Defizit, welches mit dem Alter einhergeht, gleich eine Gefährdung des sicheren Fahrens darstellt (Koppel & Charlton, 2013).

An viele Veränderungen kann sich der Mensch anpassen und so bestimmte Beeinträchtigungen kompensieren. Dies ist anhand der Unfallstatistiken erkennbar. So werden beispielsweise mehr Unfälle durch Menschen über 65 am Tag und weniger in der Nacht verzeichnet. Diese Statistiken könnte man so interpretieren, dass die älteren Menschen über 65 Fahren im Dunkeln vermeiden. Ebenso wurden mehr Unfälle in den Jahreszeiten Frühling und Herbst verzeichnet und weniger im Sommer und Winter. Dies könnte durch die Vermeidung von schwierigen Wetterbedingungen wie extreme Hitze im Sommer oder Schnee und Glätte im Winter erklärt werden. Darüber hinaus gibt es noch weitere Beispiele (für eine ausführliche Darstellung siehe Birck, 2011) und jedes deutet an, dass sich viele ältere Menschen ab 65 ihrer Schwächen bewusst zu sein scheinen. Die daraus resultierenden Schwierigkeiten, etwa im Dunkeln zu sehen, kompensieren ältere Fahrer ab 65, indem sie ihr Verhalten anpassen und beispielsweise Nachtfahrten unterlassen (Birck, 2011; Davidse, 2006).

Unsicher wird das Autofahren jedoch, wenn mehrere Beeinträchtigungen in Kombination auftreten und eine adäquate Kompensation nicht mehr möglich ist (Davidse, 2006). So wurde etwa diskutiert, dass die simultane Ausführung mehrerer Handlungen, sowie die gleichzeitige Anforderung mehrere Informationen aus verschiedenen Quellen zu verarbeiten und daraufhin unter Zeitdruck eine adäquate Entscheidung zu treffen, im Alter schwieriger werden. Dies könnte eine Erklärung dafür sein, dass an Kreuzungen vermehrt Unfälle durch ältere Autofahrer ab 65 verursacht werden (Hakamies-Blomqvist, 1993; Koppel & Charlton, 2013). Gleichermaßen werden auch Probleme angesprochen, die das Einschätzen von Geschwindigkeiten anderer Fahrzeuge sowie das Übersehen von Verkehrsteilnehmern beim Spurwechsel oder von Objekten beim Einparken betreffen (Davidse, 2006; Deutscher Verkehrssicherheitsrat, 2017).

Jedem Autofahrer, der mit einem oder mehreren dieser Probleme konfrontiert ist, dessen gesundheitliche Verfassung aber ansonsten im verkehrstauglichen Bereich liegen, empfiehlt der Deutsche Verkehrssicherheitsrat, sich Hilfe durch Fahrerassistenzsysteme zu beschaffen (Deutscher Verkehrssicherheitsrat, 2017). Dieser 1969 gegründete Rat beschäftigt sich mit Verkehrssicherheitsfragen und tritt auf diesem Gebiet als unabhängiger, professioneller Berater auf.

2.2 Fahrerassistenzsysteme für ältere Kraftfahrer

Die interindividuellen Unterschiede zwischen den Kraftfahrern ab 65 sind sehr groß und daher stellt das Alter keinen guten Prädikator für die Stärken und Schwächen hinsichtlich der Fahrleistung dar. Somit ist es schwierig, pauschale Empfehlungen für Fahrerassistenzsysteme, die hilfreich für die gesamte Generation wären, auszusprechen. Es haben sich aber vier Systeme herausgebildet, die laut der Informationskampagne des deutschen Verkehrssicherheitsrates *bester-beifahrer.de* die Bedürfnisse und Schwächen eines großen Teils der älteren Autofahrer abdecken: der Notbrems-, der Spurwechsel-, der Nachtsicht- und der Parkassistent (Deutscher Verkehrssicherheitsrat, 2017). Diese Systeme sollen Älteren helfen, welche die bereits am Ende des Kapitels 2.1 erläuterten Probleme haben.

Durch den Notbremsassistenten sollen Unfälle verhindert bzw. abgeschwächt werden, die durch zu spätes oder zu schwaches Bremsen zustande kommen würden. Dieses Assistenzsystem würde ältere Menschen besonders an Kreuzungen unterstützen. Durch den Spurwechsel- und Parkassistenten soll jenen Personen Hilfe gewährt werden, deren visuelles Sichtfeld sich verkleinert hat und die Schwierigkeiten haben, den Kopf sowie den Körper zu drehen. Durch diese Probleme werden Verkehrsteilnehmer im toten Winkel beim Spurwechsel oder Hindernisse beim Parken zu spät registriert. Dies soll durch die eben genannten Assistenzsysteme verhindert werden. Der Nachtsichtassistent soll Autofahrer bei der Erkennung von Gefahren in der Nacht unterstützen (Deutscher Verkehrssicherheitsrat, 2017; Koppel & Charlton, 2013).

Allein durch die Funktionsweise der vorgestellten Fahrerassistenzsysteme könnte man annehmen, dass durch deren Benutzung die Sicherheit für die älteren Autofahrer ab 65 steigt. Allerdings sind mit dem Gebrauch dieser Technologien weitere Aspekte verbunden, die bei der Beurteilung der angestrebten Sicherheit durch die Fahrerassistenzsysteme eine Rolle spielen.

3. Sicherheitsrelevante Auswirkungen von Fahrerassistenzsystemen

3.1 Behavioural Adaptation

In den letzten Jahren hat die Automobilindustrie viele Gelder in die Entwicklung und Verbesserung der Fahrerassistenzsysteme investiert. Diese Technologien sollen die Sicherheit für den Fahrer und auch für andere Verkehrsteilnehmer verbessern (z. B. Deutscher Verkehrssicherheitsrat, 2017). Auf den ersten Blick sprechen Namen und Funktionen der Systeme auch für die Einhaltung dieser Versprechungen. Die Forschung hat aber immer wieder Veränderungen im Verhalten der Fahrer bei der Benutzung von Assistenzsystemen im Auto festgestellt, die der eigentlichen Funktionsweise und damit der versprochenen Sicherheit entgegenwirken. Dieses Phänomen der *behavioural Adaptations* wird definiert als *"behaviours which may occur following the introduction of change to the road-vehicle-user system and which were not intended by the initiator of the change"* (OECD, 1990, S.23). Beispielsweise sollten Antiblockiersysteme (ABS) eine Reduzierung von Auffahrunfällen herbeiführen. Jedoch zeigten viele Studien, dass Fahrer mit ABS schneller fuhren und geringere Abstände zum Vorderfahrzeug einhielten (für einen Überblick siehe Rudin-Brown, Jonah & Boase, 2013).

Von diesem Ergebnis aber auf allgemeine Verhaltensänderungen bei der Benutzung von Fahrerassistenzsystemen zu schließen, sollte vermieden werden, denn behavioural Adaptations wirken sich nicht bei jedem System auf die gleiche Art und Weise aus. So konnten bei der Benutzung von Airbags keine negativen Veränderungen im Fahrverhalten festgestellt werden (Sagberg, Fosser & Sætermo, 1997). Dies verhindert die Übertragung der Forschungsergebnisse von einem System auf ein anderes und bedeutet daher, dass jedes System einzeln hinsichtlich der tatsächlichen Sicherheitsgewinne untersucht werden muss. Demzufolge wird es immer schwieriger, die Lücke zwischen der Entwicklung neuer Technologien und der Überprüfung ihrer tatsächlichen Sicherheit zu schließen. Dies gilt insbesondere, da die Bandbreite verfügbarer Fahrerassistenzsysteme und deren Entwicklungsfortschritte immer größer werden.

Diese Problematik erklärt ebenso, warum zur Thematik der Älteren Kraftfahrer und behavioural Adaptations keine umfassende Forschung existiert. Allerdings scheint die verfügbare Literatur zu belegen, dass sich behavioural Adaptations auch in der Generation ab 65 die unterschiedlich stark auswirken. Beispielsweise sollten

4

Advanced Traveler Information Systems (ATIS) die kognitive Arbeitslast beim Fahren in neuen Umgebungen bei Älteren reduzieren. Dingus et al. (1997) zeigten jedoch, dass Autofahrer zwischen 65 und 73 mit ATIS im Vergleich zu den jüngeren Probanden deutlich langsamer und vorsichtiger fuhren. Dies interpretierten die Autoren als ein Zeichen der Unsicherheit. Dieser Eindruck wurde dadurch verstärkt, dass die älteren Probanden zusätzlich die Spur nicht halten konnten.

Zugleich wurde aber deutlich, dass einige schlecht angepasste Verhaltensweisen durch das Design der Systembedienoberfläche hervorgerufen werden. Im Experiment von Dingus et al. (1997) wurden die eben beschriebenen Verhaltensweisen bei den älteren Autofahrern durch ein vereinfachtes Interface deutlich reduziert. Auch Simões & Pereira (2009) und Davidse (2006) empfehlen ausdrücklich die Bedienoberfläche von Fahrerassistenzsystemen gut zu durchdenken und entwerfen, damit neben der Tätigkeit des Autofahrens keine zusätzliche Belastung und Verwirrung der älteren Kraftfahrer entsteht[1].

Auch bei den Nachtassistenten werden mögliche behavioural Adaptations erwartet. Wie bereits beschrieben, kompensieren ältere Menschen, die Schwierigkeiten beim Fahren im Dunkeln haben, diese Probleme mit dem Unterlassen des nächtlichen Autofahrens. Es wird jedoch befürchtet, dass durch die Nachtsichtassistenten ältere Leute ermutigt werden, diese Kompen[2]sationsstrategien aufzugeben und wieder nachts zu fahren. Da aber diese Assistenten nicht alle relevanten Fahraufgaben übernehmen, könnte das Unfallrisiko älterer Leute bei Nacht wieder steigen (Davidse, 2006). Dies sind jedoch nur Vermutungen und müssen noch detaillierter untersucht werden.

Die bisherigen Forschungsergebnisse weisen darauf hin, dass einige behavioural Adaptations bei älteren Menschen durch besseres und zielgruppenorientiertes Design reduziert werden können. Dennoch sind behavioural Adaptations nicht auszuschließen und benötigen weiterer Forschung.

---

[1] Für einen Überblick und Verweise zu weiterer Literatur siehe Davidse (2006), v. a. Abschnitt *5.2 Design principles for the human machine interface*

3.2 Mentale Modelle

Im Hinblick auf behavioural Adaptations wurde oft die Problematik der fehlerhaften oder unvollständigen mentalen Modelle diskutiert (z. B. Sullivan, Flannagan, Pradhan & Bao, 2016). Diese Thematik spielt auch im Zusammenhang mit Fahrerassistenzsystemen und der Verkehrssicherheit für ältere Menschen eine bedeutende Rolle und soll daher hier nun kurz erläutert werden: Wenn ein Fahrer ein Fahrerassistenzsystem benutzt, entwickelt er bestimmte Vorstellungen darüber, wie das System funktioniert (Sullivan et al., 2016). Ein mentales Modell wird dann als *"... a representation of the typical causal interconnections involving actions and environmental events that influence the functioning of the system"* bezeichnet (Durso & Gronlund, 1999, S. 297–298, zitiert nach Beggiato & Krems, 2013). Das bedeutet, dass der Fahrer Informationen über die Funktionsweise des Fahrerassistenzsystems in seinem mentalen Modell speichert. Diese beeinflussen die Benutzung des Systems.

Beispielsweise gewinnt der Fahrer beim Kauf eines neuen Fahrzeuges Informationen über die erworbenen Systeme durch deren Vorstellung durch einen Verkäufer, Lesen des Handbuchs oder Ausprobieren. Diese speichert er in sein mentales Modell ab. Wie gut er sein Fahrerassistenzsystem letztendlich kennen lernt, hängt davon ab, wann und wo er seine Erfahrungen mit diesem macht und wie lange er es schon benutzt (Sullivan et al., 2016). Dabei werden solche Regeln vergessen, die zu Beginn gelernt wurden, aber nie Anwendung finden, oder auf die nicht mehr aufmerksam gemacht wurde. Ebenso werden selbstverständlich auch jene Eigenschaften eines Assistenzsystems nicht eingespeichert, die weder gelernt noch erlebt wurden (Sullivan et al., 2016). Diese, durch Vergessen und fehlendem Einspeichern, unzugänglichen Regeln haben dann keine Auswirkungen mehr auf das Fahrverhalten.

Diese Thematik der unzugänglichen Regeln lässt sich beispielhaft anhand der Einschränkungen von Fahrerassistenzsystemen darstellen. So hat eine amerikanische Umfrage aus dem Jahr 2008 ergeben, dass 43% der 370 befragten Autofahrer mit ACC (*adaptive cruise control*, im Deutschen oft als Abstandsregeltempomat bezeichnet) davon überzeugt waren, dass ihr System die Kollision mit einem anhaltenden Fahrzeug verhindert, obwohl die ACC Systeme zu diesem Zeitpunkt dazu technisch nicht in der Lage waren (Jenness, Lerner, Mazor, Osberg & Tefft, 2008). Entweder wurden die Fahrer auf diese Limitierung nie aufmerksam gemacht oder sie wurde nie erlebt und damit vergessen, da die Fahrer immer rechtzeitig selbstständig gebremst haben und so eine Warnung oder ein Eingriff durch das System nicht notwendig war. Diese Umfrage deckte diesen alarmierenden Umstand auf, dass Fahrerassistenzsysteme bei Unwissenheit seitens der Fahrer ein falsches Sicherheitsempfinden hervorrufen können.

Weiterhin ist es teilweise schwierig die Grenzen eines Systems wirklich zu verstehen, da sie nicht den menschlichen Beobachtungen und Erfahrungen entsprechen. So hat ein Mensch beispielsweise keine Probleme damit, ein stehendes Objekt von einem sich bewegendem Objekt zu unterscheiden (Sullivan et al., 2016). ACC Systeme waren 2008 dazu jedoch nicht in der Lage. Werden menschliche Erfahrungen fälschlicherweise auf die Funktionsweisen von Fahrerassistenzsystemen angewendet, kann dies zur Generierung falscher Informationen führen. Diese gelangen genauso wie andere Informationen in das mentale Modell und beeinflussen das Handeln des Fahrers (Sullivan et al., 2016). Diese mentalen Repräsentationen können daher unter anderem dazu führen, dass behavioural Adaptations entstehen (Sullivan et al., 2016). Wenn ein Fahrer etwa fälschlicherweise der Überzeugung ist, dass sein Notbremsassistent fehlerfrei bei Nebel funktioniert, wird er seine Geschwindigkeit nicht den Verhältnissen anpassen und sein Unfallrisiko damit steigern.

Unerwartete Erfahrungen einer Einschränkung eines Fahrerassistenzsystems beeinflussen aber auch das Vertrauen in das Fahrerassistenzsystem (Beggiato & Krems, 2013). Würde bei dem aufgeführten Beispiel plötzlich ein Hindernis auftreten und die Reaktion des Notbremsassistenten ausbleiben, würde dies zu einer Reduzierung des Vertrauens in das Systems führen. Dies verunsichert den Fahrer und kann zu einer eingeschränkten Benutzung des Systems führen.

Um diese Thematik besser verdeutlichen zu können sowie die Einflüsse und Auswirkungen der mentalen Modelle und der behavioural Adaptations detaillierter zu behandeln, werden diese im nächsten Kapitel an einem spezifischem Beispiel erläutert. In diesem Rahmen wird sich speziell mit Ergebnissen aus den Untersuchungen des ACC auseinandergesetzt werden. Diese werden verwendet, um sich mit dem vom Deutschen Verkehrssicherheitsrat empfohlenen Notbremsassistenten hinsichtlich Sicherheit und möglichen Nebenwirkungen zu beschäftigen. Im Anschluss wird das Ergebnis dieser Diskussion in die Beantwortung der Fragestellung einbezogen, ob Fahrerassistenzsysteme für ältere Menschen eine Möglichkeit zur sicheren Teilhabe am Verkehr darstellen.

4. Sicherheitsrelevante Auswirkungen für ältere Menschen durch die Benutzung von Fahrerassistenzsysteme am Beispiel des Notbremsassistenten

4.1 Übertragung von Ergebnissen aus der Forschung des ACC

Im Kapitel 2.2 zum Thema *Fahrerassistenzsysteme für ältere Kraftfahrer* wurde geschildert, dass der Deutsche Verkehrssicherheitsrat den Notbremsassistenten als eine wichtige Unterstützung für die meisten älteren Autofahrer empfiehlt (Deutscher Verkehrssicherheitsrat, 2017). Je nach Hersteller unterschieden sich die spezifischen Funktionen voneinander, doch im Allgemeinen führen diese Systeme automatisch eine Vollbremsung durch, wenn sich ein Hindernis nähert (bspw. Stauende oder ein langsam fahrender Radfahrer). So sollen sie Unfälle mit anderen Verkehrsteilnehmern vermeiden (Winner, Hakuli & Wolf, 2012). Vor allem die erhöhte Anzahl von Verkehrsunfällen an Kreuzungen, die durch ältere Autofahrer verursacht werden, könnte so reduziert werden (Deutscher Verkehrssicherheitsrat, 2017). Doch kann dieses System wirklich den versprochenen Sicherheitsgewinn für ältere Menschen leisten und so zu einer sicheren Teilhabe älterer Menschen am Verkehr beitragen? Oder trägt auch dieses Fahrerassistenzsystem potentielle Risikofaktoren?

Die Forschungsliteratur zu diesem speziellen System hinsichtlich behavioural Adaptations und mentale Modell ist noch rar. Um mögliche verhaltensbasierte Konsequenzen, die durch die Benutzung dieses Systems zustande kommen könnten, dennoch zu beurteilen, sollen hier Forschungsergebnisse des verwandten und teilweise im Notbremsassistenten integrierten Systems des ACC herangezogen werden. Die Grundidee des ACC ist es, durch automatisches Bremsen und Beschleunigen die Geschwindigkeit an das vordere Fahrzeug anzupassen. So bleibt der Mindestabstand gewahrt und es werden Auffahrunfälle reduziert. Der Notbremsassistent übernimmt diese Funktionen des Abstandmessens zu einem Hindernis und leitet im Extremfall eine Notbremsung ein. So sollen zu späte oder zu schwache Bremsversuche rechtzeitig unterstützt und so schwerere Unfälle verhindert werden (Winner et al., 2012).

Wie im Kapitel 3.1 beschrieben, ist so eine Übertragung von Resultaten aus der Untersuchung von behavioural Adaptations von einem auf ein anderes Fahrerassistenzsystem schwierig. Hierbei handelt es sich aber um Systeme, die sich in ihre Funktionsweise ähneln. Zusätzlich ist der Notbremsassistent bei vielen Herstellern

(z. B. Ford, Honda, Volvo) an den bereits verbauten ACC gekoppelt (Bloch, 2012). Durch diese Ähnlichkeit und Verbindung der Systeme erscheint es sinnvoll, die bereits existierende Forschung des ACC bei der Beurteilung des Sicherheitskonzeptes des Notbremsassistenten hinsichtlich Auswirkungen durch mentale Modelle und behavioural Adaptations einzubeziehen. Ziel dieses Kapitels ist es, mögliche Risikofaktoren herauszuarbeiten, die dem intendierten Sicherheitsgewinn durch den Notbremsassistenten entgegenwirken könnten.

4.2 Mögliche Gefahrenquellen bei der Nutzung des Notbremsassistenten

4.2.1 Unkenntnis der Limitierungen des Systems

Jenness et al. (2008), die in ihrer Umfrage die Auswirkungen von ACC auf das Verhalten von Kraftfahrern untersucht haben, konnten feststellen, dass viele Benutzer die Grenzen ihrer gekauften Systeme nicht kannten. So gaben, wie bereits beschrieben, 43% der 370 befragten Autofahrer mit ACC an, dass ihr System die Kollision mit einem haltenden Fahrzeug verhindern kann, obwohl dies nicht der Fall war. Weiterhin stimmten 73% der Aussage zu, dass sie die Limitierungen ihres ACC und Hinweise der Hersteller nicht kannten. Dieser Befund sprach für ein unvollständiges und damit fehlerhaftes mentales Modell über dieses Fahrerassistenzsystem bei den Benutzern.

Der genaueren Untersuchung dieser Problematik haben sich Beggiato & Krems (2013) gewidmet. Sie unterteilten ihre Probanden (durchschnittliche Alter: 24 Jahre) in drei verschiedene Gruppen und gaben ihnen hinsichtlich der Limitierungen des Systems unterschiedliche Informationen. Der "korrekten" Gruppe teilten sie die Funktionsweise sowie alle Grenzen des Systems mit, zum Beispiel: Es hat Schwierigkeiten, kleine Fahrzeuge wie Motorräder und andere Verkehrsteilnehmer wie Fußgänger oder Fahrräder zu erkennen. Weiterhin arbeitet es bei schlechtem Wetter wie Nebel, Schnee oder Regen unzuverlässig und hat Probleme auf kurvigen Strecken, wenn das vordere Fahrzeug vom System nicht mehr erfasst wird. Die "unkorrekte" Gruppe erhielt die gleichen Informationen wie die "korrekte" mit der zusätzlichen falschen Angabe, dass das System große Fahrzeuge und weiße bzw. silberne Pkw nicht erkennt. Der "unvollständigen" Gruppe erklärten sie nur die grundlegende Funktionsweise des ACC aber nicht dessen Probleme. Die Untersuchung fand an einem

Simulator statt und erstreckte sich über drei Fahrten mit dem System innerhalb von sechs Wochen. Die mentalen Modelle wurden mittels Fragebogen nach den Fahrten erhoben.

Die Ergebnisse verdeutlichten, dass sich die mentalen Modelle der drei Gruppen nach den drei Fahrten an das der "korrekten" Gruppe angeglichen hatten. In der "unkorrekten" Gruppe wurden Informationen, mit denen keine übereinstimmende Erfahrung gemacht wurde, nach und nach als unproblematisch bewertet (weiße/silberne Autos). Fehler des ACC, die für die "unvollständige" Gruppe unerwartet auftraten (z. B. Motorrad nicht erkannt), wurden sofort in deren mentale Modelle aufgenommen.

Um solch eine Veränderung im mentalen Modell detaillierter im zeitlichen Verlauf zu untersuchen, wurde eine Follow-up-Studie durchgeführt (Beggiato, Pereira, Petzoldt & Krems, 2015). Hier untersuchte man Probanden (durchschnittliches Alter: 28 Jahre), die noch nie mit einem ACC gefahren waren, innerhalb von zehn Fahrten auf einer realen Strecke in zwei Monaten. Ihnen erteilte man eine sorgsame und detaillierte Einführung in das System vergleichbar mit der der "korrekten" Gruppe im eben geschilderten Experiment. Weiterhin wurde auf die Schwierigkeit des ACC, stehende Objekte zu erfassen, aufmerksam gemacht. Es konnte festgestellt werden, dass sich beispielweise die Antworten auf die Aussage *"ACC detects stationary objects"* (Beggiato et al., 2015, S. 81) zu Beginn der Untersuchung mit starker Ablehnung begegnet wurde (nach der 1. Fahrt), im weiteren Verlauf sie sich Richtung Zustimmung bewegte (nach der 3. Fahrt) und am Ende sich wieder bei Ablehnung manifestierte (nach der 10. Fahrt). Diese Untersuchung zeigte deutlich den nichtlinearen Verlauf bis hin zur Bildung einer gesicherten mentalen Repräsentation.

Die Forscher konnten in einem realistischen Setting demonstrieren, dass es Zeit braucht, die möglichen Grenzen eines Systems kennenzulernen und sie in ein mentales Modell aufzunehmen. Der Umstand, dass bestimmte Informationen in Vergessenheit geraten, wenn sie keine Anwendung finden, wie im Kapitel 3.2 erwähnt, konnte auch hier gezeigt werden. Diese Untersuchung macht die Notwendigkeit einer adäquaten Einführung in das System inklusive dessen Limitierungen und deren Erfahrung in der Praxis deutlich.

Auch wenn die Feststellung der Übertragbarkeit der Ergebnisse dieser beiden Studien auf die Altersgruppe ab 65 Jahre noch aussteht, ist es dennoch möglich, dass auch bei älteren Leuten die erste Einführung in ein System ausschlaggebend

10

für dessen weitere Benutzung ist. Hinsichtlich dieser Thematik, konnte bei Jenness et al. (2008) gezeigt werden, dass insbesondere ältere Fahrer öfter das Handbuch zum Nachlesen von Informationen über ihr ACC Systems benutzen und darauf aufbauend ihr mentales Modell erweitern (insgesamt 39% der Befragten waren über 65).

Es wurde herausgearbeitet, dass es ein großes Problem darstellt, die Grenzen eines Fahrerassistenzsystems nicht zu kennen oder zu vergessen. Der vom Hersteller gewollte Sicherheitsgewinn würde dadurch beträchtlich reduziert werden und zu mehr Unsicherheit bei den Fahrern führen. Auch Notbremsassistenten haben einige Einschränkungen, selbst Fahrzeuge von renommierten Herstellern, wie der ADAC im August 2016 feststellte: Beispielsweise bremsten einige Fahrzeuge nicht auf Standziele, etwa der BMW 530d Automatik und der Audi A7 3,0 TFSI quattro. Weiterhin trat bei letzterem die ansonsten als sehr gut bewertete Kollisionswarnung zu spät ein. Der VW Passat Variant 2,0 TFSI DSG Highline konnte bei hohen Differenzgeschwindigkeiten zu anderen Fahrzeugen das eigene Tempo nicht genügend stark abbauen. Der BMW 530d Automatik wurde zudem schlechter bewertet, da das Notbremssystem einfach abzuschalten war und sich auch nach Neustart des Motors nicht selbstständig wieder aktivierte, obwohl dies bei allen anderen eingebauten Systemen der Fall war. Zudem wurde die Deaktivierung nicht offensichtlich angezeigt (für eine detaillierte Ausführung siehe ADAC, 2016c).

Ist sich der Fahrer eines solchen Fahrzeugs dieser Grenzen seines Notbremsassistenten bewusst, so stellen diese ein deutlich geringeres Sicherheitsrisiko dar, als wenn die Limitierungen in Vergessenheit geraten. Daher sollte auf diese eindringlich aufmerksam gemacht werden.

Da ältere Menschen ab 65 öfter als jüngere das Handbuch benutzen, um solche Details nachzulesen (Jenness et al., 2008), soll hier nun auf mögliche Probleme hingewiesen werden:

Die erste Schwierigkeit betrifft die Gestaltung der heutigen Handbücher. Sie sind meist nicht barrierefrei und erläutern oft gleichzeitig mehrere Fahrzeugtypen, was diese unübersichtlich wirken lässt. Somit können Handbücher, die zwar umfassend aber unübersichtlich über Funktionsweisen und Grenzen der Systeme aufklären, auf der einen Seite zu Frustrationen bei den Lesern aber auf der anderen Seite auch zu Übernahme von falschen Informationen in die mentalen Modelle führen.

Ein zweites Problem stellen inhaltlich idealisierte Handbücher dar, die nur spärlich auf Einschränkungen eines Systems eingehen und so zur Bildung eines falschen und irreführenden mentalen Modells führen (Beggiato & Krems, 2013). Daher wäre es wünschenswert, die Handbücher für diese Zielgruppe übersichtlicher und spezieller zu gestalten. So wären individuelle und verständliche Handbücher angebracht, in denen nur das gekaufte Fahrzeug und die damit erworbenen Systeme verzeichnet sind, sowohl in digitaler als auch in gedruckter Form.

Dennoch kann wahrscheinlich auch das beste Handbuch nicht vollständig verhindern, dass Möglichkeiten und Grenzen eines Systems, die nicht selbst erfahren werden, wieder in Vergessenheit geraten. So zeigt die Theorie und die Experimente zum Thema mentale Modelle und ACC (Beggiato & Krems, 2013; Beggiato et al., 2015), dass es nicht ausreicht, sich einmalig mit den Grenzen eines Systems auf theoretischer Ebene auseinanderzusetzen, auch wenn dies eine wichtige Voraussetzung für das Kennenlernen eines Systems ist. Es wurde unter anderem gezeigt, dass sich das mentale Modell im Laufe der Zeit verändert, je nachdem wann und welche Erfahrungen mit dem System gemacht wurden. Daher wäre eine optimale Lösung, dem Benutzer viele praktische Erfahrungen der Funktionsweisen und Einschränkungen seines Systems zu bieten.

Auf der einen Seite ist dies durch das selbstständige Kennenlernen des Systems auf bekannten Strecken möglich. Dies ist jedoch hinsichtlich des Notbremsassistenten nicht uneingeschränkt möglich und ebenso bedenklich, da dieses System Notfälle verhindern soll, welche nicht freiwillig aufgesucht werden sollten. Daher würden sich Fahrsicherheitstrainings unter professioneller Aufsicht anbieten. Die Möglichkeit solcher Trainings ist allerdings beispielsweise in Thüringen nur durch den ADAC gegeben. Dieser bietet einmal, seltener auch zweimal im Monat fünfstündige Fahrsicherheitstrainings speziell für Senioren an. Teil des Übungsplans ist unter anderem die Beschäftigung mit den im Fahrzeug des Teilnehmers verbauten Assistenzsystemen. Es soll dabei aufgeklärt werden, wann die Systeme zum Einsatz kommen und wo ihre Grenzen liegen (Fahrsicherheits-Zentrum Thüringen, 2016). Die Bevölkerung sollte dazu ermuntert werden, diese Angebote wahrzunehmen. So könnte beispielsweise bei dem Kauf eines neuen Fahrzeugs gleich ein Termin bei einem solchen Training rabattiert angeboten werden. Gleichzeitig müsste sich auch das Angebot erweitern, um vielen Menschen die Möglichkeit zu geben, daran teilzunehmen. Doch ist dies momentan mit einem großen zeitlichen und finanziellen Aufwand vor allem seitens der Verbraucher verbunden.

Es müssen daher auch vom Hersteller Möglichkeiten gefunden werden, den Fahrer in regelmäßigen Abständen an die Grenzen seines Systems zu erinnern (Beggiato et al., 2015). Dies ist natürlich keine leichte Aufgabe, denn im Fahrzeug sind neben dem Notbremsassistenten noch weitere Systeme verbaut, die ebenfalls ihre Einschränkungen haben und an die gegebenenfalls erinnert werden muss. Denkbar wäre zum Beispiel eine Meldung beim Start des Autos, die jedes Mal variiert. Beispiele wären: *Denken Sie daran, ihr Notbremssystem erkennt keine Standziele* oder *Schalten Sie Ihren Notbremsassistenten nicht aus. Er kann ihr Leben retten.* Wichtig ist es dabei, den Benutzer nicht zu belästigen und nicht zusätzlich zu verwirren. Dies sind Vorschläge, deren Akzeptanz und tatsächlicher Nutzen noch getestet werden müssen.

4.2.2 Falsches Vertrauen in ein System

Beggiato & Krems (2013) untersuchten in ihrem Experiment auch die Veränderung von Vertrauen in das ACC System bei den drei verschiedenen Arten der Instruktionen "korrekt", "unvollständig" und "unkorrekt" (nachzulesen im Kapitel 4.2.1). Das Vertrauen der "korrekten" Gruppe war nur minimal geringer als das der "unvollständigen" Gruppe. Deutlich weniger Vertrauen sprach die "unkorrekte" Gruppe dem System zu, wohl auch dem Fakt geschuldet, dass diese zusätzlichen falschen Informationen nicht den eigenen menschlichen Beobachtungen und Erfahrungen entsprachen (siehe Kapitel 3.2). Im Laufe des Experimentes nahm das Vertrauen der "unvollständigen" Gruppe in das System immer weiter ab, während es sich in den anderen beiden Gruppen verbesserte bzw. annähernd gleich blieb. Dies interpretierten die Autoren im Zusammenhang mit mentalen Modellen: Musste durch das Auftreten eines unerwarteten Systemfehlers das mentale Modell verändert werden, führte dies zu einer kognitiven Beanspruchung. Je höher diese Belastung war, desto stärker wurde das Vertrauen in das System reduziert. Diese Verringerung des Vertrauens fand allerdings nicht statt, wenn eine Erfahrung mit einer Einschränkung des Fahrerassistenzsystems zwar gemacht wurde, aber diese vom Benutzer erwartet wurde.

Auch diese Thematik macht die Dringlichkeit der umfassenden Instruktion von Verbrauchern vor der Benutzung sowohl des Notbremsassistenten als auch jedes weiteren Systems deutlich und unterstreicht im Hinblick auf ältere Leute die Notwendigkeit der ausführliche Auflistung und Erklärung der Limitierungen im Handbuch. Verringertes Vertrauen in Systeme eines Herstellers können zu Misstrauen führen und den Hersteller wertvolle Kundenempfehlungen und Käufer kosten.

4.2.3 Behavioural Adaptation

Behavioural Adaptations können durch unvollständige mentale Modelle und durch fälschliches Vertrauen hervorgerufen werden. In der Umfrage von Jenness et al. (2008) stellte sich heraus, dass ältere Kraftfahrer durch das ACC ermutigt wurden, kürzere Distanzen zum Vorderfahrzeug einzuhalten. Ohne das System, so gaben sie weiterhin an, würden sie größere Abstände wählen. Dies subjektive Einschätzungen wurden in dieser Umfrage zwar nicht wissenschaftlich überprüft, dennoch können sie auf behavioural Adaptations hinweisen: Es ist vorstellbar, dass ältere Autofahrer dem System Vertrauen schenken und sich an dieses neue Verhalten der kürzen Abstände gewöhnen. Es ist dann zu vermuten, dass diese verringerten Distanzen zu einer Gefahr werden, wenn das System an seine Grenzen stößt, z. B. bei schlechtem Wetter, und der Fahrer an den "neuen" Abständen festhält.

Weitere typische behavioural Adaptations, die in Untersuchungen von ACC Systemen gefunden wurden, sind verlangsamte Reaktionszeiten in kritischen Verkehrssituationen im Vergleich zu Personen, die ohne ACC fuhren. So wurde beispielsweise zu spät gebremst, wenn sich dem Ende eines Staus genähert wurde (Nilsson, 1995).

Inwieweit diese veränderten Verhaltensweisen auch bei älteren Menschen und Notbremsassistenten auftreten, ist ungewiss. Der Notbremsassistent soll eigentlich nur in Notfällen eingreifen und nicht wie der ACC über eine gewisse Zeitspanne die Geschwindigkeit automatisch dem Vorderfahrzeug anpassen und so eine kognitive Entlastung herbeiführen. Dennoch sind diese negativen Verhaltensweisen und übermäßiges Vertrauen in das System, dass es im Notfall bremsen wird, keineswegs vollkommen auszuschließen.

Zusätzlich denkbar sind aber auch behavioural Adaptations in Folge von Verwirrung oder Überlastung (Dingus et al., 1997), sollten beispielsweise die Warnhinweise missverständlich oder zu schwach dargeboten werden. Daher ist es wichtig, die Schnittstelle zwischen Notbremssystem und Benutzer den Bedürfnissen der älteren Autofahrer ab 65 anzupassen.

5. Fazit

In den vergangenen Kapiteln wurden im Hinblick auf die Fragestellung der sicheren Teilhabe älterer Kraftfahrer am Verkehr durch Fahrerassistenzsysteme verschiedene Probleme diskutiert. Es wurden im Speziellen Verhaltensweisen behandelt, die durch das Benutzen eines Fahrerassistenten entstehen und dem ursprünglich intendierten Sicherheitsgewinn durch das System entgegenwirken. Diese behavioural Adaptations wurden auch im Zusammenhang mit unvollständigen und fehlerhaften mentalen Modellen des Fahrerassistenten dargestellt und deren Auswirkungen anhand des Notbremsassistenten detaillierter behandelt. Die dort aufgeführten Probleme und Lösungsvorschläge werden nun bei der Beantwortung der Fragestellung zur Rate gezogen werden.

Der Deutsche Verkehrssicherheitsrat empfiehlt älteren Menschen, sich von Fahrerassistenzsystemen im Auto unterstützen zu lassen, unter anderem von Notbremsassistenten (Deutscher Verkehrssicherheitsrat, 2017). Er unterstützt den Bremsvorgang bei einem zu späten oder zu schwachen Bremsversuch seitens des Fahrers und kann so Unfälle verhindern bzw. die Schwere eines Unfalls vermindern. Wie auch der ADAC bemerkt, ist bei einem Unfall jede noch so kleine Verringerung der Geschwindigkeit entscheidend und kann im Notfall Schlimmeres abwenden (ADAC, 2016b). Daher erfolgte die klare Empfehlung für den Kauf eines solchen Fahrerassistenzsystems durch den Deutschen Verkehrssicherheitsrat und den ADAC.

Dennoch sollte solch eine Empfehlung nie uneingeschränkt erteilt werden. Die Theorie und die zugrunde liegende Absicht des Notbremsassistenten sprechen zwar deutlich für eine sichere Teilhabe der älteren Pkw-Fahrer am Straßenverkehr, doch weisen auch die neuesten Modelle Einschränkungen auf, die bei Unkenntnis seitens des Fahrers zu Unfällen führen kann.

Auf der einen Seite sind die Hersteller in der Pflicht, ihre Systeme stets zu verbessern und auch Fehlverhalten auszuschließen, aber auf der anderen Seite müssen die Fahrer auch auf die Einschränkungen aufmerksam gemacht werden, die bei dem Gebrauch eines solchen Fahrerassistenzsystems entstehen können. Aktuell wird hinsichtlich der Systemverbesserung deutlich mehr investiert als im Bezug auf die Fahrerunterweisung. Meist liegt es in der Verantwortung des Autofahrers sich selbstständig mit seinem neuen System umfassend auseinanderzusetzten. Doch dabei können Limitierungen übersehen werden oder in Vergessenheit geraten, die zur

Entstehung bedeutender Sicherheitsrisiken führen. Es muss daher für eine umfassende Aufklärung und regelmäßige Erinnerung insbesondere der älteren Autofahrer gesorgt sein, sei es durch die übersichtlichere und individuellere Gestaltung der Handbücher oder regelmäßigen Erinnerungen im Pkw. Weiterhin sind Praxiserfahrungen ratsam, beispielweise in Form von Fahrsicherheitstrainings.

Die Relevanz der umfassenden Aufklärung des Fahrers hinsichtlich der Limitierungen eines Systems sollte den Herstellern auch im Hinblick auf die Thematik des Vertrauens in das System deutlich werden. Wie die Studie von Beggiato & Krems (2013) beweist, nimmt das Vertrauen in ein Fahrassistenzsystem ab, wenn zu viele Systemfehler erfahren werden, auf die der Benutzer vor dem Gebrauch nicht hingewiesen wurde. Wurden jedoch die Limitierungen vorher aufgeführt, hat das Vertrauen, nachdem die Probanden Erfahrungen mit diesen Einschränkungen gemacht hatten, keinen Schaden genommen. In diesem Zusammenhang wurde sogar eine Erhöhung des Vertrauens in das System festgestellt. Dies sollte den Herstellern bewusst werden, denn es ist durchaus denkbar, dass enttäuschtes Vertrauen auch in Abschalten des Systems mündet. Dies würde auf der einen Seite natürlich auf keinen Fall zu dem intendierten Sicherheitsgewinn führen. Auf der anderen Seite gehen dem Hersteller dadurch sowohl Kundenempfehlungen als auch potentieller Käufer verloren.

Um weitere sicherheitsgefährdende Verhaltensweisen bei älteren Menschen ab 65 zu verhindern, muss die Schnittstelle zwischen Mensch und Maschine (z. B. Warnhinweise) eindeutig gestaltet sein. Weiterhin sollte sie den Bedürfnissen dieser Zielgruppe angepasst werden, sodass durch die Benutzung des Systems keine Überlastung und Verwirrung entstehen.

Es wurde dargestellt, welche Sicherheitsrisiken Fahrerassistenzsysteme bergen. Insgesamt stellen Fahrerassistenzsysteme wie der Notbremsassistent durchaus eine Unterstützungsmöglichkeit im Alter dar, solange diese Systeme nicht idealisiert und nicht so dargestellt werden, dass sie den Menschen als Fahrer ersetzen. Es muss den Benutzern bewusst sein, dass sie immer noch die Verantwortung während des Fahrens tragen. Wer aufmerksam Auto fährt und Sicherheitsabstände wahrt, trägt allein dadurch schon zum sicheren Verkehr bei (ADAC, 2016b). Im Hinblick auf ältere Menschen bedeuten Fahrerassistenzsysteme eine Möglichkeit länger am Verkehr teilzuhaben und die Lebensqualität zu bewahren. Dennoch gilt es, die eigenen Schwächen zu beobachten und diese auch einzugestehen. Fahrerassistenzsysteme können nicht jede Situation unterstützen und haben ebenso ihre Grenzen. Werden diese erreicht, ist der Fahrer auf sich gestellt und muss die Folgen verantworten. Daher gilt es die Einschränkungen seines Systems zu kennen und diese zu berücksichtigen.

Literaturverzeichnis

ADAC. (2016a). *Zur Sache. Senioren im Straßenverkehr.* Zugriff am 23.03.2017. Verfügbar unter https://www.adac.de/_mmm/pdf/rv_senioren_im_strassenverkehr_sp_1116_18575 5.pdf

ADAC. (2016b). *Testbericht. Vergleichstest von Notbremsassistenten.* Zugriff am 21.03.2013. Verfügbar unter https://www.adac.de/_mmm/pdf/Testbericht%20AEBS-Internet_75482.pdf

ADAC. (2016c). *Nur zwei Notbremsassistenten überzeugen. ADAC: Systeme von Audi und Subaru schützen Fußgänger und Radfahrer am besten / Volvo enttäuscht.* Zugriff am 21.03.2017. Verfügbar unter https://presse.adac.de/meldungen/tests/nur-zwei-notbremsassistenten-ueberzeugen.html

Beggiato, M. & Krems, J. F. (2013). The evolution of mental model, trust and acceptance of adaptive cruise control in relation to initial information. *Transportation Research Part F: Traffic Psychology and Behaviour, 18,* 47–57.

Beggiato, M., Pereira, M., Petzoldt, T. & Krems, J. (2015). Learning and development of trust, acceptance and the mental model of ACC. A longitudinal on-road study. *Transportation Research Part F: Traffic Psychology and Behaviour, 35,* 75–84.

Birck, S. (2011). *Potenziale und Risiken älterer Kraftfahrer mit Unfällen und ihre Darstellung in der Lokalpresse.* Dissertation, Rheinischen Friedrich-Wilhelms-Universität. Bonn.

Bloch, A. (2012). *Notbremsassistenten im Test. Was leisten die Brems-Systeme wirklich?* Zugriff am 21.03.2017. Verfügbar unter http://www.auto-motor-und-sport.de/testbericht/notbremsassistenten-im-test-was-leisten-die-brems-systeme-wirklich-5098117.html

Davidse, R. J. (2006). Older Drivers and ADAS. Which Systems Improve Road Safety? *IATSS Research, 30* (1), 6–20. https://doi.org/10.1016/S0386-1112(14)60151-5

Deutscher Verkehrssicherheitsrat. (2015). *„Aktion Schulterblick" mit Jutta Kleinschmidt. Deutschlandweite Fahrsicherheitsaktion für ältere Menschen.* Gründau/Bonn. Zugriff am 21.03.2017. Verfügbar unter http://www.dvr.de/presse/informationen/4289.htm

Deutscher Verkehrssicherheitsrat. (2017). *Fahrerassistenzsysteme geben älteren Menschen mehr Sicherheit am Steuer.* Zugriff am 21.03.2017. Verfügbar unter http://bester-beifahrer.de/news/

Dingus, T. A., Hulse, M. C., Mollenhauer, M. A., Fleischman, R. N., Mcgehee, D. V. & Manakkal, N. (1997). Effects of Age, System Experience, and Navigation Technique on Driving with an Advanced Traveler Information System. *Human Factors, 39* (2), 177–199. https://doi.org/10.1518/001872097778543804

Durso, F. T. & Gronlund, S. D. (1999). Situation awareness. In F. T. Durso, R. Nickerson, R. Schvaneveldt, S. Dumais, S. Lindsay & M. Chi (Hrsg.), *Handbook of applied cognition.* New York: John Wiley & Sons, Ltd.

Fahrsicherheits-Zentrum Thüringen. (2016). *ADAC Senioren-Training.* Zugriff am 21.03.2017. Verfügbar unter https://www.fsz-thueringen.de/pkw/senioren-training/

Hakamies-Blomqvist, L. E. (1993). Fatal accidents of older drivers. *Accident Analysis & Prevention, 25* (1), 19–27. https://doi.org/10.1016/0001-4575(93)90093-C

Jenness, J. W., Lerner, N. D., Mazor, S., Osberg, J. S. & Tefft, B. C. (2008). *Use of advanced in-vehicle technology by young and older early adopters.* Washington, D.C.: AAA Foundation for Traffic Safety.

Koppel, S. N. & Charlton, J. L. (2013). Behavioural Adaptation and Older Drivers. In C. Rudin-Brown & S. Jamson (Hrsg.), *Behavioural Adaptation and Road Safety: Theory, Evidence and Action* (S. 303–322). Boca Raton: CRC Press.

Nilsson, L. 1995, January. Safety effects of adaptive cruise controls in critical traffic situations. In *Steps Forward. Intelligent Transport Systems World Congress* (Bd. 3).

Rudin-Brown, C. M., Jonah, B. & Boase, P. (2013). Behavioural Adaptation to Road Safety Policy. In C. Rudin-Brown & S. Jamson (Hrsg.), *Behavioural Adaptation and Road Safety: Theory, Evidence and Action.* Boca Raton: CRC Press.

Sagberg, F., Fosser, S. & Sætermo, I.-A. F. (1997). An investigation of behavioural adaptation to airbags and antilock brakes among taxi drivers. *Accident Analysis & Prevention, 29* (3), 293–302. Verfügbar unter http://www.sciencedirect.com/science/article/pii/S0001457596000838

Simões, A. & Pereira, M. (2009). Older Drivers and New In-Vehicle Technologies: Adaptation and Long-Term Effects. In M. Kurosu (Ed.), *Human centered design. First international conference, HCD 2009, held as part of HCI International 2009, San Diego, CA, USA, July 19 - 24, 2009 Proceedings* (Lecture Notes in Computer Science, vol. 5619, Bd. 5619, pp. 552–561). Berlin: Springer. https://doi.org/10.1007/978-3-642-02806-9_64

Sullivan, J. M., Flannagan, M. J., Pradhan, A. J. & Bao, S. (2016). *Review of Behavioral Adaptations to Advanced Driver Assistance Systems.* Washington, D.C.: AAA Foundation for Traffic Safety.

Winner, H., Hakuli, S. & Wolf, G. (2012). *Handbuch Fahrerassistenzsysteme. Grundlagen, Komponenten und Systeme für aktive Sicherheit und Komfort* (ATZ/MTZ-Fachbuch, 2., korrigierte Auflage). Wiesbaden: Vieweg + Teubner. https://doi.org/10.1007/978-3-8348-8619-4